AF186333

Impressum:

© 2019 Wulf-Hinnerk Vauk
Umschlaggestaltung und Layout:
Strategy Marketing- und Werbeagentur GmbH, Düsseldorf
Illustration: Christa Lésperance-Pook
Lektorat, Korrektorat, Redaktion Textpublik, Düsseldorf
Herausgeber: VAUK / business diplomatie
Verlag und Druck: tredition GmbH, Halenreie 40-44, 22359 Hamburg
ISBN Taschenbuch: 978-3-7469-8507-7
ISBN e-Book: 978-3-7469-8508-4

Bibliografische Information der Deutschen Nationalbibliothek:
Die Deutsche Nationalbibliothek verzeichnet diese Publikation in der Deutschen Nationalbibliografie; detaillierte bibliografische Daten sind im Internet über http://dnb.d-nb.de abrufbar.

Wulf-Hinnerk Vauk

Self-Update

für Ihre Persönlichkeit

ESSENZ und Sie wissen mehr!

Dieses Buch ist so konzipiert, dass Sie in
30 Minuten die wichtigsten Thesen in den
farbig markierten Essenzen lesen sowie
die Selbsttests durchführen können, um Ihr
individuelles Persönlichkeitsupdate zu starten.

Sie bekommen viele Ideen und Werkzeuge an
die Hand, wie Sie Ihre Persönlichkeit fördern
und verändern können.

Inhalt

Vorwort

Dieses Buch handelt vom Umgang mit sich selbst. Die längste Beziehung im Leben unterhält man in der Regel mit sich selbst. Darum darf, ja muss man dieser Beziehung auch die angemessene Aufmerksamkeit schenken. Der Einwand, dadurch dem puren Egoismus oder der Egomanie zu frönen, verfängt nicht. Denn beim Selbstumgang geht es nicht um die heute viel berufene Selbstoptimierung, die auf kaum mehr als auf ein besseres Funktionieren in Beruf und Privatleben hinausläuft. Doch kommt es nicht auf die glatte Oberfläche, sondern auf ein vertieftes Verständnis der eigenen Möglichkeiten und Grenzen an, auf einen gelingenden Umgang mit sich selbst. Dies ist der Prüfstein für den gelingenden Umgang mit vielen anderen. Nur wer auf sich selbst Acht gibt, geht achtsam mit seinen Partnern, mit Vertrauten und mit Fremden um. Nur wer sich selbst kennt, wird Freude daran haben, neue Menschen kennen und schätzen zu lernen.

Wulf-Hinnerk Vauk kommt aus der betrieblichen Praxis und kennt den unnötigen „Sand im Getriebe" der zwischenmenschlichen Beziehungen ebenso gut wie die versteckten Fallen im modernen Geschäftsleben. In diesem Buch lässt er den Leser in knapper Form an der Essenz seiner Erfahrungen als Coach von Führungskräften teilhaben.

Anhand von Fragebögen und Übungen können Sie selbst an Ihrem Persönlichkeitsprofil arbeiten. Der Coach begleitet Sie über die Stationen Stil, Werte, Intuition, Timing, Charakter und Haltung auf dem Weg zu einer gefestigten Persönlichkeit als unabdingbarer Voraussetzung für ein intensives, leistungsfähiges und erfülltes Leben.

Prof. Dr. Helmut Brall-Tuchel

Einleitung

Warum ein Self-Update, ein Persönlichkeitsupdate und warum sollte ich das machen? Bräuchten nicht eher die anderen – mein Vorgesetzter, meine Kollegen, meine Mitarbeiter, meine Familie, meine Freunde, meine Bekannten – ein Update?

Bei Computerprogrammen wissen wir, wozu Updates gut sind. Sie sollen uns vor Systemfehlern schützen. Mit dem Modell SWITCH – Umschalten auf Charakter™ können Sie Ihre „Systemfehler" erkennen und sich von ihnen befreien. Ihr „Betriebssystem" ist Ihre Persönlichkeit. Das, was Sie als Individuum ausmacht. Dazu gehören eine Vielzahl charakterlicher Merkmale, innerer Einstellungen und Haltungen.

Warum denken wir, wie wir denken, warum fühlen wir, wie wir fühlen, warum stehen wir beruflich oder privat da, wo wir stehen? Das Buch gibt Antworten auf Fragen wie diese: Wie bekomme ich mehr Sicherheit in meiner Selbstwahrnehmung und mehr Vertrauen von meinem Gegenüber? Welches Image habe ich? Was bedeuten Stil, Werte, Intuition und das richtige Timing für die Persönlichkeit und welche Wirkung haben sie? Wodurch zeichnet sich mein Charakter aus? Welche Haltung zeige ich nach außen?

Das SWITCH-Modell zielt auf konkrete Verhaltensänderungen. Mithilfe kleiner Übungen kann jeder das Persönlichkeitsupdate bei sich oder anderen starten. Es geht um ein „Umschalten", um das Ablegen von Scheuklappen und um die Fähigkeit zur Selbstreflexion. Das ist die Voraussetzung für eine Neuausrichtung Ihres Denkens und Handelns.

Warum ist ein Umschalten mit SWITCH, das für Stil, Werte, Intuition, Timing und Charakter steht, hilfreich für alle Menschen, von der Führungskraft bis zum Mitarbeiter? Weil wir uns mitten in einem gesellschaftlichen Diskurswechsel befinden. Wir loten aus, welche Rolle das klassische Verfügungswissen in Zukunft noch spielen wird. Manche glauben, ein Orientierungswissen (also zu wissen, wo man im Netz die passenden Informationen findet) reiche im digitalen Zeitalter aus. Oder ist eine kollektive Intelligenz zeitgemäß? Auch Führungsstile stehen auf dem Prüfstand und nicht zu vergessen: die Genderdiskussion. Solche Diskurswechsel haben Auswirkungen auf das Verhältnis der Menschen zueinander. Umso wichtiger ist es, die eigene Persönlichkeit zu verorten und weiterzuentwickeln.

Viel Erfolg mit Ihrem individuellen Update wünscht Ihnen

Ihr

Wulf-Hinnerk Vauk

Stil

\+

Werte

\+

Intuition

\+

Timing

Charakter

\+

Haltung

Leichter führen

S

Stil

Alles eine Frage des Stils

Jeder Mensch hat ihn, den eigenen Stil. Unser Stil, unsere persönliche Note, ist so individuell und unverwechselbar wie unser Fingerabdruck. Stil setzt sich aus vielen Komponenten zusammen wie Auftreten, Gestik und Mimik, Kommunikationsverhalten und vielem mehr.

Mit dem Stil verhält es sich wie mit der Spitze des Eisbergs. Nur etwa 20 Prozent unseres Stils sind sichtbar: in der Art, wie wir uns kleiden, in der Frisur, im Outfit. Rund 80 Prozent liegen im Verborgenen und sind der Spiegel der inneren Haltung, des Charakters.

Für Ihr Persönlichkeitsupdate ist es wichtig zu wissen, was Ihren Stil ausmacht. Mit der richtigen Körpersprache und einer gekonnten Kommunikation verleihen Sie sich Ausdruck und hinterlassen einen Eindruck, der langfristig zum Erfolg führt. „Stil ist die Kleidung der Gedanken", wusste bereits der englische Staatsmann und Schriftsteller Philip Lord Chesterfield im 18. Jahrhundert. Wählen Sie Ihre habituelle „Garderobe" also sorgfältig aus.

Stil ist mehr als Styling

Verwechseln Sie Stil nicht mit Styling. Styling oder Style charakterisiert bestimmte Moderichtungen. Ohne Frage ist die passende Kleidung wichtig, um angemessen im Geschäftsleben aufzutreten, auch im Privaten. Aber: „Eleganz heißt nicht, ins Auge zu fallen, sondern im Gedächtnis zu bleiben!" – wie der italienische Modezar Giorgio Armani einmal gesagt hat.

Stil hat auch mit Etikette zu tun, mit den Regeln des Umgangs untereinander. Erfunden hat die Etikette Ludwig der XIV. Der französische „Sonnenkönig" übte in Versailles Macht durch Etikette(n) aus. Jede Person am Hof erhielt eine Etikette, die festlegte, nach wem und vor allem vor welcher Person sie die Gemächer des Königs betreten durfte. Seitdem hält man sich an die Etikette.

Der ehemalige Protokollchef eines Stuttgarter Weltunternehmens, Dr. Dieter Bosch, fasste das für unsere Zeit so zusammen: „Stil ist die Summe der Etikette, prägt das Erscheinungsbild und erzielt Wirkung durch Atmosphäre. Stil erst erzielt Wertschöpfung." Für ihn sind Stil und Etikette keineswegs überholt: „Im Zeitalter der Globalisierung treffen viele Kulturen aufeinander. Stil und Etikette sind dabei zeitgemäßer denn je. Sie sind es, die den Umgang der Menschen, die Geschäfte miteinander machen, regeln."

Das gilt natürlich nicht nur fürs Geschäftsleben, sondern auch im täglichen Miteinander. Wie stilvoll begegnen Sie dem Postboten, der bei Ihnen klingelt? Wie gehen Sie mit Bekannten, Freunden und Kollegen um? Ziehen Sie vielleicht unterschiedliche Stilregister, nur weil Sie denken, dass die Person X oder Y Ihnen nicht wichtig (genug) ist? Wechseln Sie Ihren Stil mit der gesellschaftlichen Rolle, in der Sie gerade stecken? Sie können und dürfen Ihren Stil ändern, an ihm arbeiten, ihn verbessern. Für Ihre Außenwirkung ist wichtig, dass Sie diesen Stil auch leben, ob beim täglichen Smalltalk in der Nachbarschaft, beim Einkaufen, im Beruf oder in der Freizeit. Die Einheitlichkeit dieses Eindrucks macht für Ihre Mitmenschen Ihren Stil aus. Für Ihr Persönlichkeitsupdate ist es wichtig, kritisch zu hinterfragen, ob Sie Ihre Außenwirkung immer im Blick haben. Wie authentisch sind Sie? Sprechen und handeln Sie stets so, dass Sie zu sich selbst stehen?

Oder ärgern Sie sich häufig über Ihr Verhalten, weil Sie in dieser oder jener Situation nicht Sie selbst waren?

 ESSENZ

> *Jeder legt Wert auf einen persönlichen Stil und möchte sich von der Masse abheben. Das erfordert Mut und Geduld. Finden und leben Sie Ihren Stil nach außen, in der Art, zu sprechen, sich zu bewegen, zu lachen. Zeigen Sie Profil und Charakter im Umgang mit Menschen, zeigen Sie Ihre Wertschätzung für andere, legen Sie Wert auf Etikette. Dann fallen Sie nicht nur ins Auge, sondern bleiben im Gedächtnis.*

Ihr Stil entstcht im Kopf des anderen

Aber was gehört zum eigenen Stil? Dazu zählen nicht nur das komplette Erscheinungsbild von der Frisur bis zu den Schuhen, sondern auch die Gestik und die Mimik. Wie ist Ihre Beinhaltung im Stehen, wie im Sitzen? Ganz wichtig ist auch der Händedruck, ist er eher weich oder fest, halten Sie Augenkontakt zu Ihrem Gegenüber? Auch die Tonalität bestimmt den Stil, vom gesprochenen Wort bis zu kleinen Lauten und dem eigenen Lachen. Wie ist Ihre Körperhaltung, wie Ihre Wortwahl?

Wer entscheidet über meinen Stil?
• Sie selbst beim Blick in den Spiegel
• Ihr Gegenüber. Denn Ihr Stil entsteht im Kopf des anderen. Manchmal passt der Stil, den der andere sieht, nicht zu Ihrem Selbstbild.

Aber Vorsicht: Jedes verkrampfte Behaupten des eigenen Auftretens verschlechtert Ihren Stil.

Kann ich Stil lernen?

• Ja, z. B. durch eine Stil- und Farbberatung
• In Seminaren für Körpersprache, Rhetorik, Stil und Etikette.

Nehmen Sie im Coaching oder in Seminaren in Sachen Stil nur das an, was Sie mögen, was Ihre Authentizität stärkt. Bleiben Sie sich selbst treu, denn alles, was maskenhaft und nicht authentisch ist, wird Ihnen früher oder später zum Nachteil gereichen. Dann wird Ihnen im schlimmsten Fall die sprichwörtliche Maske vom Gesicht fallen.

 ESSENZ

Ihr Stil ist Ihr Kapital. Mit Wissen um Stil und Etikette, der richtigen Körpersprache und gekonnter Kommunikation verleihen Sie sich Ausdruck und hinterlassen einen Eindruck, der langfristig zum Erfolg führt.

Ein guter Stil schafft einen guten Ruf

Die meisten Menschen sind auf ihr Image, ihren guten Ruf bedacht. Und der ist heute angreifbarer denn je. Ein einziges Fehlverhalten oder eine (womöglich unbedachte) politisch-moralisch anfechtbare Äußerung können Mobbing, soziale Ächtung, den gefürchteten „Shit Storm" in den sozialen Medien zur Folge haben. Man kann diese Tendenz zur ungefilterten moralischen Empörung kritisch betrachten, sinnvoller erscheint es, ihr keinen Vorschub zu leisten. Die Verantwortung für den eigenen Ruf und das Bild in der Öffentlichkeit und in der Berufswelt ist dementsprechend gewachsen. Diesen höheren Anforderungen gilt es bereits im Vorfeld Rechnung zu tragen.

Aber auch Unternehmen haben einen Ruf zu pflegen und im Konfliktfall zu verteidigen. Welches Image ein Unternehmen hat, ist für Mitarbeiter und potenzielle Bewerber von großer Bedeutung. Das Marktforschungsunternehmen Gallup untersuchte 2016, worauf es Mitarbeitern besonders ankommt. Unter 19 Aspekten, die von den Arbeitnehmern auf einer Skala von 1 bis 5 (5 = „äußerst wichtig") eingestuft wurden, erhielten der Ruf/das Renommee des Unternehmens und seines Führungspersonals vier Punkte. Damit schlug der Faktor Ruf im Ranking immerhin so entscheidende Punkte wie Aufstiegschancen und Entwicklungsmöglichkeiten, Innovationen, Unternehmensziele und Unternehmensphilosophie sowie Sozialleistungen, Zuschüsse und weitere Annehmlichkeiten.

Der Ruf eines Unternehmens steht und fällt mit dem Image der Führungsebene. In einzelnen Fällen lassen sich mehr als 80 Prozent der Reputation einer Firma auf das Ansehen des Mannes oder der Frau an der Spitze zurückführen. Nicht immer muss ein Skandal wie die bewusste Täuschung von Behörden bei der VW-Abgasaffäre zu einem Imageverlust führen. Es reicht schon, wenn das Handeln der Führungseliten negativ wahrgenommen wird. Zu diesem Ergebnis kommt eine Studie von Roland Berger Strategy Consultants. „Noch in den 90er Jahren wurden Managerkarrieren hauptsächlich aufgrund von mangelnder Performance beendet", sagt Prof. Torsten Oltmanns, Partner und Global Marketing Director bei Roland Berger. „Manager scheitern heute zu über 70 Prozent an Problemen mit der Wahrnehmung ihrer Arbeit und ihrer Persönlichkeit."

Vier Tipps für Ihren guten Ruf:

1. Lächeln Sie zur rechten Zeit. Das öffnet Herzen und zeigt, dass Sie Ihre Mitmenschen interessieren.

2. Wenn man sich nicht an Sie erinnert, haben Sie keinen Ruf. Betreiben Sie Small Talk zur rechten Zeit. Gehen Sie auf Kollegen und / oder Mitarbeiter zu und fragen Sie ehrlich interessiert nach deren Befinden.

3. Üben Sie sich in Selbstkritik und nehmen Sie wohlgemeinte Fremdkritik als eine Chance zur Verbesserung Ihres Rufes an.

4. Seien Sie selbstbewusst, stellen Sie Ihr Licht nicht unter den Scheffel. Stehen Sie zu Ihrem Können genauso wie zu Ihren Fehlern.

ESSENZ

> *„Schwer ist's, einen guten Ruf zu gewinnen, noch schwerer ihn zu verdienen, und am schwersten, ihn zu bewahren",* notierte der deutsche Schriftsteller Friedrich von Bodenstedt bereits im 19. Jahrhundert. Um wieviel mehr gilt das in einem Zeitalter, in dem sich Nachrichten wie Viren verbreiten und Facts und Fakes in der Wahrnehmung kaum noch zu unterscheiden sind. Achten Sie deshalb immer auf Ihr eigenes Verhalten. Denn Ihren guten Ruf können nur Sie selbst zerstören.

Stilpflege stärkt das Image

Mit einem guten Image braucht man um seinen Ruf nicht zu fürchten. „Imagepflege ist keine Lackpflege, kein Aufpolieren von Oberflächenglanz, sondern eine Frage der Qualität der ganzen Konstruktion." Wie wahr dieser Satz von Werner Niefer ist, dem ehemaligen Spitzenmanager der Mercedes-Benz AG, erfährt der VW-Konzern in seiner aktuellen Geschäftspolitik.

Was bedeutet Image denn eigentlich hinsichtlich der Gesamtkonstruktion? Image ist ein Stimmungsbild, das eine Person, ein Produkt, eine Firma, eine Stadt, ein Ortsteil usw. bei Mitmenschen, Käufern, Besuchern, Bewohnern oder beim Betrachter besitzt. Dieses Bild wird zu einem großen Teil vom „Sender" ausgestrahlt, denn ein Image kann man ausbauen oder auch schmälern. Man kann es bewusst verändern, indem man erforscht, welche Wünsche an das eigene Handeln herangetragen werden und diese dann erfüllen. Doch Vorsicht: Der Grat ist schmal, das erwünschte Image kann durch ein „Zuviel" nachhaltig beschädigt werden. Mit der Imagepflege verhält es sich wie mit einem Pflänzchen, das viel Geduld, Ausdauer und Einfühlungsvermögen braucht, um zu gedeihen und zu wachsen. Und welches Image ein Mensch oder ein Marke hat, das spricht sich schnell herum.

Für ein besseres Image brauchen Sie:
- ein gutes Selbstwertgefühl
- Empathie und Beobachtungsgabe
- ein gutes, der Aufgabe angemessenes Styling und ausgezeichnete Umgangsformen
- eine ehrliche verbale und nonverbale Kommunikation
- ein großes Fachwissen
- Achtung und Respekt vor anderen Menschen und Kulturen
- Vorbilder und Werte, die Sie verinnerlicht haben.

Der Imagetest

Machen Sie folgende kleine Übung:
- schreiben Sie auf, welche Menschen für Sie Vorbildfunktion haben
- formulieren Sie, welche Eigenschaften diese Menschen in Ihren Augen haben, weshalb sie zum Vorbild taugen
- klären Sie im nächsten Schritt für sich selber, welche Eigenschaften Sie davon besitzen bzw. an welchen Sie noch arbeiten müssen.

Überprüfen Sie Ihre Selbstwahrnehmung, indem Sie Personen Ihres Vertrauens darum bitten, zu beurteilen, ob Sie diese Eigenschaften verkörpern. Aber bitte diskutieren Sie diese Ergebnisse nicht, sondern nutzen Sie das Feedback, um an sich zu arbeiten.

Der eigene Stil hat viele Facetten.

- Aussehen, Gestik, Mimik, Tonalität sind für unsere Mitmenschen wichtige Signale, um wahrzunehmen, wer wir sind.
- Wir senden den ganzen Tag, bewusst oder unbewusst, Signale in die Welt, die empfangen und gedeutet werden. Deshalb entsteht unser Stil in den Köpfen unserer Mitmenschen.
- Leben wir einen authentischen und sozial verträglichen Stil, zieht das einen guten Ruf, ein gutes Image nach sich.
- Wenn Sie Ihr eigenes Image verbessern wollen, dann halten Sie Ausschau nach Menschen, die für Sie und andere Vorbildfunktion haben. Welche Eigenschaften finden Sie an diesen Personen so überzeugend? Können Sie diesen Menschen nacheifern und Ihren Stil an diesen Vorbildern schulen? Sind die gesetzten Ziele für Sie erreichbar? Wenn Sie sich innerlich mit diesen Fragen auseinandersetzen, kommen Sie ein gutes Stück auf Ihrem Weg zum Persönlichkeitsupdate weiter!

 ESSENZ

„Dein Charakter ist, was Du bist. Dein Ruf ist, was man von Dir hält", hat der deutsch-kanadische Aphoristiker und Kaufmann Willy Meurer einmal gesagt. Charakterstark ist, wer in seinen Zielen klar und nachvollziehbar ist, wer sowohl im privaten als auch im geschäftlichen Auftreten authentisch ist. Aus diesen Charaktereigenschaften bildet sich der Ruf, der Leumund. Er ist das Kapital, auf das Sie bei Ihren Mitmenschen höhere Zinsen bekommen als bei jeder Bank.

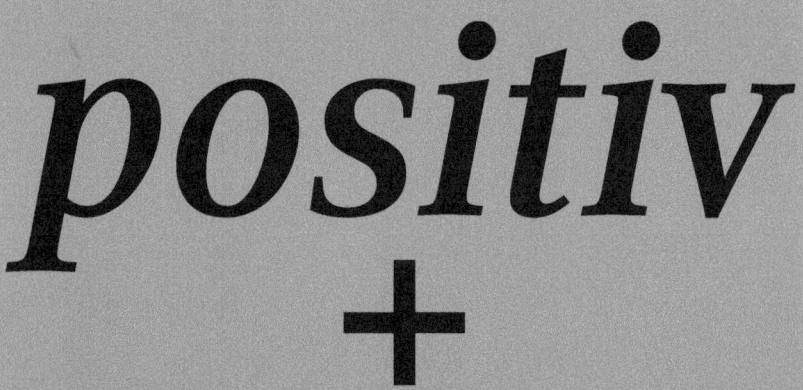

positiv
+
negativ
—
that's me

W

Werte

Werte sind etwas wert

Bei SWITCH – Umschalten auf Charakter kommt dem „W" für Werte eine zentrale Rolle zu. „Werte sind das, was uns etwas wert ist", brachte es Trendforscher Andreas Giger auf einen Nenner. Doch wer bestimmt, welche Werte für mich oder für die Wertegemeinschaft, in der ich mich sehe, gelten sollen? Welche Werte haben in welcher Rangfolge Anspruch darauf, von mir oder uns realisiert und verteidigt zu werden?

Beginnen wir mit dem common sense. Was also ist uns etwas wert? Die meisten würden wohl zustimmen, dass Freiheit, Demokratie und Selbstbestimmung zu unseren grundlegenden Gemeinschaftswerten gehören und dass Liebe, Freundschaft, Respekt, Treue, Loyalität, Zuverlässigkeit und Ehrlichkeit zu den positiv bewerteten sozialen Konzepten und Verhaltensmustern der modernen Gesellschaften zählen. Werte wären demnach weitgehend anerkannte Lebensprinzipien, die unserem Handeln Sinn und Bedeutung geben. Weil das so ist, finden wir an diesen Vorstellungen nicht nur Gefallen, sondern können uns daran orientieren. Sich an Werten zu orientieren, wie zum Beispiel dem Respekt, der Rücksicht, gegenüber unseren Mitmenschen, das gibt dem individuellen wie dem sozialen Leben eine spezifische Ausrichtung, die wir gemeinhin als dienlich und als zuträglich erachten.

Im Gegensatz zu den römischen Tugenden, den virtutes, die vornehmlich der Selbstdisziplinierung und der Perfektionierung des politischen und militärischen Apparates dienten und ständige Übung oder Drill erforderten, zeichnen sich Werte dadurch aus, dass sie freiwillig angenommen werden und sozial anerkannt sind. Respekt, Achtung, Achtsamkeit, Loyalität, Hilfsbereitschaft und bewusstes Miteinander verbessern das individuelle Befinden und das soziale Klima im beruflichen und privaten Umfeld. Werte sind der Schmierstoff unserer Gesellschaft, fehlt es daran, kracht es im Getriebe.

Woher kommen meine Werte?

Werte sind stets von der jeweiligen Gesellschaftsform und den Strömungen des Zeitgeistes abhängig. Aber auch im Lauf des eigenen Lebens werden Werte immer wieder neu gewichtet. Einige treten neu hinzu, an anderen halten wir fest. Die ersten und oft die nachhaltigsten Werte werden im Elternhaus vermittelt. Ebenfalls großen Einfluss bei der Werteerziehung üben in den folgenden Lebensjahren die Institutionen Schule, Kirche, Vereine, Freunde und später dann das berufliche Umfeld aus. Die besten Werte-Botschafter sind Vorbilder, Menschen, bei denen offensichtlich ist, dass sie ihre Werte nicht nur predigen, sondern auch leben. Diesen Menschen eifert man gerne nach.

 ESSENZ

Jeder Mensch verfügt über eigene Wertvorstellungen, basierend auf einem allgemeinen Wertekanon. Werte sind jedoch kein starres Konstrukt, sondern sie entwickeln sich mit mir und durch mich weiter.

Kenne ich meine Werte?

Unser individuelles Wertesystem ist Teil unserer Identität. Wie vertraut sind Sie mit diesem Teil Ihrer Persönlichkeit? Kennen Sie Ihre Werte, wissen Sie, was Ihnen wirklich wichtig ist? Liegt Ihr Fokus mehr auf Sicherheit oder mehr auf Unabhängigkeit und Freiheit? Was ist Ihnen wichtiger, die Familie oder Karriere und Selbstbestimmung? Gerade wenn man eine Führungsposition bekleidet, ist es wichtig, seine eigenen Werte zu kennen. Das hilft dabei, die Wertvorstellungen der Mitarbeiter zu ergründen. Nur so kann ich verstehen, warum sie reagieren, wie sie reagieren. Nur so kann ich versuchen, mich auf sie einzustellen. Denken Sie immer daran, dass jeder Mensch unter Werten etwas ganz anderes verstehen kann. Ein unterschiedliches Werteverständnis führt zwangsläufig zu Unstimmigkeiten.

Test: Wertefindung in drei Schritten

Schritt 1

Welche Werte liegen Ihnen am Herzen?

Bitte entscheiden Sie aus dem Gefühl oder aus Ihrer Erfahrung heraus.

 Passt sehr gut zu mir, diesen Wert lebe ich schon oder würde ihn gerne leben.

Wert	✗	Wert	✗	Wert	✗	Wert	✗
A		G		Loyalität		S	
Achtsamkeit		Geduld		M		Selbstvertrauen	
Akzeptanz		Gehorsam		Menschlichkeit		Sensitivität	
Anstand		Gelassenheit		Mitgefühl		Seriosität	
Aufrichtigkeit		Gerechtigkeit		Moral		Sicherheit	
Authentizität		Gesundheit		Mut		T	
B		H		N		Tapferkeit	
Balance		Haltung		Nachhaltigkeit		Toleranz	
Bedachtsam-keit		Hartnäckigkeit		Nächstenliebe		Tradition	
Begeisterung		Herzlichkeit		Neugier		Transparenz	
Bereitwilligkeit		Hilfsbereit-schaft		O		Treue	
Bescheidenheit		Höflichkeit		Offenheit		U	
C		Humor		Optimismus		Überlegenheit	
Charme		I		Ordnung		Unabhängig-keit	
Coolness		Idealismus		P		V	
Charakter		Inspiration		Partnerschaft		Verantwortung	
D		Integrität		Pflicht		Verlässlichkeit	
Dankbarkeit		Intensität		Phantasie		Vernunft	

Diplomatie	Intelligenz	Praxisnähe	Vertrauen
Direktheit	K	Präzision	W
Disziplin	Klarheit	Prestige	Wachstum
E	Klugheit	Pünktlichkeit	Wahrheit
Effizienz	Kompetenz	Q	Werthaltigkeit
Ehre	Korrektheit	Qualität	Wertschätzung
Ehrlichkeit	Kraft	R	Wissen
Eigenständig-keit	Kreativität	Realismus	Würde
Erfolg	Kontinuität	Rechtschaffen-heit	Z
F	Kühnheit	Reichtum	Zufriedenheit
Familie	L	Reife	Zuneigung
Flexibilität	Leistung	Respekt	Zusammen-arbeit
Freiheit	Lebendigkeit	Ruhm	Zuverlässigkeit
Frieden	Leidenschaft		
Fürsorge			

Wie viele Werte stehen in den rechten Spalten?

Streichen Sie so lange bis Sie max. 12 Werte definiert haben.

Schritt 2

Die nächste Aufgabe besteht darin, dass Sie diese **max. 12 Werte** in die nachfolgende Grafik übertragen. **Vergleichen Sie jeden Wert mit jedem Wert** und entscheiden jeweils, welcher wichtiger ist. Vergleichen Sie also den Wert 1 (z. B. Abenteuer) mit dem Wert 2 (z. B. Bedachtsamkeit).

Wenn Ihnen der Wert 1 wichtiger ist, notieren Sie eine 1 im ersten Feld der ersten Spalte. Andernfalls notieren Sie eine 2. Dann vergleichen Sie den Wert 1 (Abenteuer) mit dem Wert 3 (Durchsetzungsvermögen). Wenn Ihnen Durchsetzungsvermögen wichtiger ist, notieren Sie eine 3 im zweiten Feld der ersten Spalte. Und so weiter.

Machen Sie dann mit der 2. Spalte weiter: Vergleichen Sie den Wert 2 (Bedachtsamkeit) mit dem Wert 3 (Durchsetzungsvermögen). Notieren Sie 2 oder 3 im ersten Feld der zweiten Spalte. Vergleichen Sie dann den Wert 2 (Bedachtsamkeit) mit dem Wert 4 (Ehrlichkeit) und notieren Sie Ihre Entscheidung im zweiten Feld der zweiten Spalte. Und so weiter.

Machen Sie mit der 3. Spalte weiter, dann mit der 4., bis Sie alle Spalten ausgefüllt haben.

Werte-Pyramide (Beispiel)

1							1 Abenteuer
2	**2**						2 Bedachtsamkeit
1	**3**	**4**					3 Durchsetzungsvermögen
4	**4**	**3**	**4**				4 Ehrlichkeit
							5 Familie
							6 Glaube
							7 Hilfsbereitschaft
1	2	3	4	5	6	7	

Übertragen Sie nun Ihre eigenen Werte und verfahren Sie wie im Beispiel. Geben Sie zwischendurch nicht auf. Es dauert ein wenig bis Sie alle Werte gewichtet haben, aber es lohnt sich. Aller Voraussicht nach werden Sie sich ein paar Fragen stellen, die Sie sich so noch nicht gestellt haben.

Sollte es Ihnen bei dem einen oder anderen Wert etwas schwerer fallen sich zu entscheiden, stellen Sie sich eine Situation vor, die Sie erlebt haben oder Situationen, in denen Sie entscheiden müssen oder mussten.

Werte-Pyramide

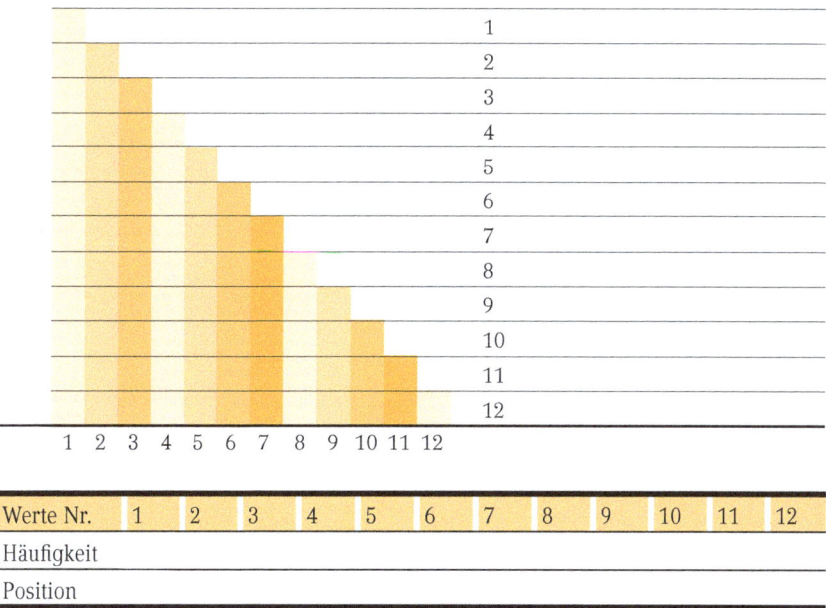

Werte Nr.	1	2	3	4	5	6	7	8	9	10	11	12
Häufigkeit												
Position												

Zählen Sie, wie oft die jeweilige Zahl vorkommt und tragen Sie diese in das Kästchen ein.

Je häufiger die Zahl vorkommt, desto wichtiger ist der Wert. Jetzt haben Sie eine Hierarchie Ihrer Werte.

Schritt 3

Tragen Sie bitte Ihre Werte der Reihenfolge nach in die nachfolgende Liste ein. Definieren Sie diesen Wert für sich. Was verstehen Sie unter diesem Wert und warum passt der Wert zu Ihnen? Und wie leben Sie diesen Wert bzw. wie wollen Sie ihn in der Zukunft leben?

Position	Ihr Wert / Ihre Werte	Wie definieren Sie diesen Wert? Woran erkennen Ihre Mitmenschen, dass Sie diesen Wert leben?
1		
2		
3		
4		
5		
6		
7		
8		
9		
10		
11		
12		

Eine kleine Liste mit mehr als 300 Werten zur Unterstützung, um Ihre Werte zu finden, können Sie auf der Internetseite www.vaukbusiness.com downloaden.

ESSENZ

Achten Sie immer darauf, dass Sie sich konform zu Ihren Werten verhalten und Sie nicht in einen Widerspruch zu den eigenen Werten geraten.

Subjektiv

Objektiv

I am

Werte im Wandel

Werte sind nicht in Stein gemeißelt. Sie wandeln sich im Lauf der Jahrzehnte, auch wenn gewisse Grundsätze immer gültig bleiben. In den westlichen Gesellschaften spricht man seit ca. 1980 von einem Wertewandel. Dies zeigt sich unter anderem in der Kindererziehung, bei der sich Erziehungswerte beispielsweise in Deutschland verändert haben, weg von Pflicht- und Akzeptanzwerten wie Disziplin, Loyalität und Pünktlichkeit hin zu Selbstentfaltung und Individualismus, Selbstverwirklichung, Partizipation und Autonomie. Die sogenannte „Generation Y" (geboren um 1980) hat in Nuancen andere Werte als zum Beispiel die „Generation X" (geboren um 1965) oder die „Babyboomer" (geboren um 1950). Den Ypsilonern geht es um mehr Beachtung, mehr Feedback und Wertschätzung. Außerdem setzen sie auf eine ausgewogene Work-Life-Balance. Sie stellen auch bei wirtschaftlichen Aktivitäten ethische Fragen, etwa zur Nachhaltigkeit von Geschäftsmodellen oder Produkten. Tradierte Bindungen an Institutionen wie die Kirchen oder Parteien werden schwächer, der Trend zur fortschreitenden Individualisierung hingegen verstärkt sich.

Das Wissen um den Wertewandel in der Erziehung ist für den beruflichen Umgang mit den verschiedenen Generationen innerhalb eines Unternehmens sehr wichtig. Das Führungsverhalten sollte so ausgerichtet sein, dass auch die jüngeren Mitarbeiter erreicht und motiviert werden können.

ESSENZ

> *Werte unterliegen dem gesellschaftlichen Wandel, sind aber fester Bestandteil jeder Kultur. Sie sind der Schmierstoff des menschlichen Miteinanders und bestimmen das soziale Klima. Ohne Werte zu leben, wäre einfach wertlos.*

Mit Werten führen

Von Führen mit Werten oder werteorientiertem Führen ist oft die Rede, doch was bedeutet das? In erster Linie heißt das, seine Persönlichkeit gerade auch im Umgang mit den Mitarbeitern einzusetzen. Viele Führungskräfte scheuen jedoch davor zurück, ihren Mitarbeitern und/oder Kunden Persönliches oder gar Gefühle mitzuteilen. Je höher sie auf der Karriereleiter gestiegen sind, umso weniger dürfen sie von sich selbst zeigen – glauben sie. Also versuchen sie, möglichst unnahbar zu bleiben und keine Fehler zu machen. Würden sie sich als Mensch zeigen, mit Empathie und Wertschätzung, könnte ihnen dies womöglich von den Mitarbeitern oder in der Öffentlichkeit als Schwäche ausgelegt werden, befürchten sie.

Ich möchte allen Führungskräften Mut machen, einen neuen Führungsstil zu wählen; denn Führen mit Werten hat Zukunft und bewirkt eine stärkere Mitarbeiterbindung. Wie wichtig dies ist, zeigt kontinuierlich die Gallup-Studie, die seit 2001 jedes Jahr den Engagement Index ermittelt. Laut der aktuellen Studie haben über fünf Millionen Arbeitnehmer (14 Prozent) bereits innerlich gekündigt und besitzen keine Bindung an ihr Unternehmen. Das hat viel mit den „schlechten Chefs" zu tun, die die deutsche Volkswirtschaft rund 103 Milliarden Euro im Jahr kosten. Diese Chefs betrachten Führung rein sachlich und funktional, verkörpern also nicht eine starke, überzeugende FührungsPERSÖN-LICHKEIT. Je schneller sich die Arbeitswelt verändert, je komplexer die Aufgabenfelder werden, desto mehr muss die Führung jedoch in der Lage sein, Stabilität, Sicherheit und Vertrauen zu vermitteln und den Wertekanon des Unternehmens vorzuleben. Führungskräfte sollten Exporteure von Werten in einer globalisierten Welt sein, die ihre Standards immer neu aushandelt.

 ESSENZ

Werte in Unternehmen sind Kraftquellen für das berufliche Miteinander. Sie motivieren die Mitarbeiter und schaffen Zugehörigkeit. Werteorientierte Führung setzt auf stabile Vertrauensverhältnisse und einen gemeinsamen Wertekanon.

Zu diesem Wertekanon gehören:
- Glaubwürdigkeit
- Zuverlässigkeit
- Vorbildfunktion der Führungskraft

Glaubwürdigkeit wächst, wenn Führungskräfte sich trauen, auch unangenehme Wahrheiten auszusprechen. Eine besondere Bedeutung kommt hierbei dem Umgang mit eigenen Fehlern zu. Es reicht nicht, nur lapidar den eigenen Fehler einzuräumen, es kommt auch darauf an, die Kollegen und Untergebenen bei der Aufarbeitung dieses Fehlers einzubinden. Fehler werden erst dann richtig groß, wenn man versucht, sie zu vertuschen.

Erinnern wir uns an zwei Beispiele, die zeigen, wie weitreichend die Konsequenzen sein können, wenn Führungspersönlichkeiten ihre Fehler nicht zugeben wollen und sich vor der Öffentlichkeit herausreden: die Causa Karl Theodor Freiherr von und zu Guttenberg, ehemaliger Bundesverteidigungsminister, und der erzwungene Rücktritt von Christian Wulff, Bundespräsident a.D. In beiden Fällen hatten Lügen kurze Beine. Zu Guttenberg behauptete, er habe in seiner Doktorarbeit nicht plagiiert und kein geistiges Eigentum anderer zu seinem Vorteil genutzt. Bei Wulff lag die Vorteilsnahme auf einer materiellen Ebene. Auf die Frage, ob der Unternehmer X ihm einen Privatkredit für den Kauf eines Hauses gegeben habe, erwiderte er „nein". Das war formal richtig, aber der Sache nach falsch, denn der Kredit kam vom Konto der Ehefrau des Unternehmers X. Wulff argumentierte im Stil eines Winkeladvokaten.

Die Fehler konnten sich zum Desaster entwickeln, weil beide Politiker sich hartnäckig weigerten, ihre Fehler einzugestehen. Stattdessen übten sie sich im Vertuschen.

1. Stufe des Vertuschens: Ich schwöre es. Ich weiß von nichts.

2. Stufe des Vertuschens: Ich war das nicht.
Darauf lege ich einen Eid ab.

3. Stufe des Vertuschens: Es gibt keinen Schuldigen. Erklärung der Umstände, ohne die eigene Schuld anzuerkennen.

4. Stufe des Vertuschens: Das Bauernopfer.

5. Stufe des Vertuschens: Ich war es, aber eigentlich ist es gar nicht so schlimm.

6. Stufe Bekenntnis: Ja, ich war es.

Zu Guttenberg musste sehr bald zurücktreten und war seinen Doktortitel los, beim Bundespräsidenten a. D. zog sich die Affäre quälend lange hin, wobei Wulff auch noch in die Mühlen einer Medienkampagne geriet, die auf seine Vernichtung aus war. Wulff wie auch zu Guttenberg wurden nicht nur persönlich beschädigt, auch ihre Ämter und die Institutionen, in denen sie tätig waren, haben Schaden genommen und damit das allgemeine Vertrauen in die Politik. Und das alles wegen eines Fehlers.

Die Rücktritte halfen niemandem mehr. Doch was wäre passiert, wenn zu Guttenberg und Wulff die fünf Stufen des Vertuschens ausgelassen hätten? Wenn sie direkt bekannt hätten: „Ja, so ist es gewesen."? Die Vergehen wären damit nicht ungeschehen, aber ein Rest der Glaubwürdigkeit der Personen und das Vertrauen in die Integrität der politischen Klasse hätte gerettet werden können.

Führung heißt Vorbild sein

Erwarten Sie von Ihren Mitarbeitern, dass sie ehrlich, fleißig und loyal sind? Wollen Sie, dass Fairness regiert? Soll das Miteinander von Respekt und gegenseitiger Achtung geprägt sein? Bevor Sie dies alles von Ihren Mitarbeitern erwarten, leben Sie es am besten selbst vor. Denn als Führungskraft haben Sie ganz automatisch eine Vorbildfunktion. Und diese Aufgabe sollten Sie keineswegs unterschätzen. Sie werden nämlich laufend von Ihren Mitarbeitern beobachtet. Jede Fehleinschätzung, jede Inkonsequenz, jedes Versagen wird sofort registriert. Häuft sich die Missachtung der eigenen Führungsrolle, wenn Sie beispielsweise einzelne Mitarbeiter vor versammelter Mannschaft zusammenstauchen oder sich eine Etage höher nicht vor Ihre Leute stellen, werden nicht allein Sie den Respekt Ihrer Mitarbeiter verlieren. Auch Ihre Rolle als Leitfigur ist beschädigt.

Wer im oberen oder mittleren Management arbeitet, sieht sich ständig wachsenden Anforderungen ausgesetzt und befindet sich automatisch in einer so genannten „Sandwichposition". Diese Manager sollen erreichen, dass in der Hierarchie über ihnen vorbildhaft agiert wird und sie müssen gleichzeitig den Ebenen unter sich gerecht werden. Zwar werden mittlerweile in fast jedem großen Unternehmen Werte wie Transparenz, Nachhaltigkeit etc. vermittelt, die für alle Mitarbeiter verbindlich sein sollen, aber von den Führungsetagen oft nicht vorgelebt werden. Wichtige Informationen werden nicht weitergegeben, Transparenz vernachlässigt, Werte des Miteinanders missachtet. Umso wichtiger ist es, dass die Führungsebene sich jeden Tag aufs Neue ihrer Vorbildfunktion bewusst ist.

Ein Vorbild zeichnet sich aus durch:

V **Verantwortung**
- zeigt ein ausgeprägtes Pflichtgefühl
- nimmt seine Fürsorgepflicht wahr
- haftet für seine Fehler
- tritt für andere ein

O **Organisationstalent**
- sorgt für klare Linien
- arbeitet sorgfältig
- hat einen Plan und eine Methode
- coacht seine Mitarbeiter

R **Respekt**
- ist taktvoll
- besitzt Ehrgefühl
- ist diskret
- ist hilfsbereit

B **Bewusstes Handeln**
- erkennt die Folgen
- plant Sollbruchstellen ein
- denkt vor und nicht nach
- räumt eigenes Fehlverhalten ein

I **Intuition**
- verfügt über Ideenreichtum
- steckt voller Inspiration
- hat ein gutes Bauchgefühl
  und Gespür

L   **Loyalität**
- ist unbestechlich
- ist aufrichtig
- ist redlich und lauter

D   **Durchhaltevermögen**
- ist beständig
- ist zielstrebig
- ist berechenbar
- ist verlässlich

 ESSENZ

Geben Sie sich selbst Raum und Zeit, eigene Wertvorstellungen zu reflektieren. Achten Sie dabei auf Diskrepanzen im Anspruch und in der täglichen Umsetzung. Was können Sie dabei optimieren? Die Führungskraft sollte sich ihrer Werte bewusst sein. Das schafft Vertrauen bei den Mitarbeitern, denn man traut Ihnen etwas zu.

Wie werden Sie wahrgenommen?

Ein Test zur Wahrnehmung

Testen Sie, ob Ihre Selbst- und Fremdwahrnehmung übereinstimmen

Fremdwahrnehmung

	1	2	3	4	5	6	7	8	9	10	
Er dirigiert mich											Er begleitet mich mit Intelligenz
Er nutzt seine Autorität aus											Er generiert Enthusiasmus
Er ruft Angst hervor											Er gibt Freiräume im Handeln
Er sagt „ich"											Er sagt „wir" und meint es auch so
Er sucht nach Fehlern und betont diese											Er nimmt sich der Fehler an und korrigiert diese
Er sagt, wie etwas zu tun ist											Er zeigt, wie es sein soll
Er nutzt und benutzt die Mitarbeiter											Er lässt die Mitarbeiter wachsen
Er erntet die Lorbeeren											Er verteilt Anerkennung und Lob
Er befiehlt											Er fragt
Er sagt „geht"											Er sagt „ gehen wir" und geht vorweg
Summe											
Gesamtpunkte											

Selbstwahrnehmung

	1	2	3	4	5	6	7	8	9	10	
Ich dirigiere											Ich begleite mit Intelligenz
Ich nutze meine Autorität											Ich generiere Enthusiasmus
Ich rufe Angst hervor											Ich gebe Spielräume zum Handeln
Ich sage „ich"											Ich sage „wir" und meine das auch so
Ich suche nach Fehlern und betone diese											Ich nehme mich der Fehler an und korrigiere diese
Ich sage, wie etwas zu tun ist											Ich zeige, wie es sein soll
Ich nutze und benutze die Mitarbeiter											Ich lasse die Mitarbeiter wachsen
Ich ernte die Lorbeeren											Ich verteile Anerkennung und Lob
Ich befehle											Ich frage
Ich sage „geht"											Ich sage „gehen wir" und gehe vorweg
Summe											
Gesamtpunkte											

I Intuition

Mit Intuition das Richtige tun

Was ist eigentlich Intuition? Es kommt vom lateinischen Verb intueri und heißt übersetzt betrachten, erwägen, anschauen. Intuition steht für das durch eine Eingebung oder einen Geistesblitz hervorgebrachte umfassende Wahrnehmen und ganzheitliche Erkennen einer Situation oder eines Problems.

Ohne Intuition gäbe es viele Erfindungen nicht, viele künstlerische Eingebungen sind aus einer Intuition entstanden, intuitiv fanden Menschen Auswege aus kritischen Situationen. Umgangssprachlich wird die Intuition auch als Bauchgefühl bezeichnet. Dieser Begriff kommt nur im Deutschen vor, andere Sprachen kennen ihn nicht.

Sehr häufig wird Intuition auch kritisch angesehen, als Methode, ohne den Gebrauch des Verstands, der Rationalität und der Logik eine Entscheidung zu treffen. Dabei sind Bauch und Gehirn bestens vernetzt. Allein in der Bauchregion befinden sich über 100 Millionen Nervenzellen, also erheblich mehr als etwa im Rückenmark. Und die reagieren schneller als der Kopf es kann.

 ESSENZ

> *Intuition und ratio im Verbund sind eine gute Grundlage für Entscheidungen in privaten und beruflichen Kontexten.*

Ihr Bauch hat Ihnen durchaus etwas zu sagen. Ihre intuitiven Antennen sind ständig auf Empfang. Sie können zwar verlernen, die intuitiven Signale wahrzunehmen, aber sie sind immer da. Die Intuition ist mittlerweile ein wichtiges Forschungsthema der Wirtschaftspsychologie. Unter Intuition wird ein fortlaufender Prozess verstanden, der ohne Kenntnis des Nutzers abläuft und der mit einem Erfahrungswissen kombiniert wird, dessen Herkunft nicht genau festgestellt werden kann. Der Wirtschaftsnobelpreisträger des Jahres 2002, Daniel Kahnemann, beschreibt Intuition als Teilbereich in unserem Gehirn, der sehr schnell und durchaus undurchdacht handelt. Dieser wird komplettiert durch ein langsameres System, das nach einem Hinterfragen der Reaktion des schnellen Systems zu einer genaueren Entscheidung kommt. Beide Systeme sind gegenseitig voneinander abhängig und arbeiten zusammen.

Auch in der Geschäftswelt spielt Intuition zunehmend eine Rolle, sie dient sogar als Unterscheidungskriterium zwischen Managern und Leadern. Verlässt sich der Manager ausschließlich auf Fakten, entscheidet sich ein Leader in bestimmten Situationen intuitiv.

In einer Untersuchung der Universität München stellten die Forscher fest: 59 Prozent aller Entscheidungen von Managern wurden aus dem „Bauch" heraus getroffen und anschließend erst mit logischen Argumenten unterfüttert. Als weiteres Ergebnis fanden sie heraus, dass wir ca. doppelt so schnell mit unseren Emotionen im Vergleich mit unserem Verstand reagieren: Innerhalb von 220 bis 260 Millisekunden entscheiden wir uns für oder gegen etwas, während unser Verstand erst nach ca. 480 bis 640 Millisekunden einsetzt. Erst dann beginnen wir zu kalkulieren, abzuwägen, zu verifizieren und zu rationalisieren.

In vielen Berufen und Tätigkeiten, in denen Entscheidungen getroffen werden müssen, spielt die Intuition eine wesentliche Rolle. Das gilt für Chirurgen und Piloten, für Sportler und Pokerspieler, für Offiziere – und für Manager. Sie alle treffen häufig intuitive Entscheidungen.

Prüfen Sie sich selbst. Waren Ihre Entscheidungen bisher alle nur von Logik geprägt? Oder haben Sie sich auch auf Ihr Bauchgefühl verlassen? Gerade der Moment der Entscheidung – ob bei einem chirurgischen Schnitt, einem Torschuss oder der Wahl zwischen zwei Projekten eines Unternehmens etc. – ist von Intuition geprägt. Natürlich kann die intuitive Entscheidung genauso fehlbar sein wie eine rein logisch-sachliche Entscheidung. Aber Untersuchungen belegen, dass eine auf Logik und Intuition basierende Entscheidung eine viel geringere Fehlerquote aufweist.

ESSENZ

Versuchen Sie nicht alles, was Sie empfinden, durch Logik zu erklären. Geben Sie Ihrer Intuition eine Chance. Hören Sie für ein paar Momente einfach auf zu denken. Und trainieren Sie den Einsatz der Intuition.

Die Intuition verbessern

Wie kann ich für meine Intuition die Antenne ausfahren? Mit den folgenden Modulen können Sie Ihre Intuition aktivieren:

Zulassen

Nutzen Sie Verstand und Gefühl. Intuition ist eine Art gefühlsmäßiges Erfahrungswissen, das Sie im Lauf Ihres Lebens angehäuft haben. Heben Sie diesen Schatz!

Zurückziehen

Wenn Sie sich über die rationale Lösung eines Problems im Klaren sind, ziehen Sie sich an einen Ort zurück, an dem Sie nicht gestört werden. Dort lassen Sie Ihre Entscheidung noch einmal durch Ihren Bauch wandern und spüren Ihrem Gefühl nach.

Wahrnehmung

Überprüfen Sie Ihre Wahrnehmung immer wieder. Die Gelegenheit dazu bietet sich in vielen Situationen des Lebens, beim Spazierengehen, beim Einkaufen, bei einer Tasse Kaffee, beim Fernsehen, im Kino usw. Wenn andere Menschen diese Entscheidung treffen würden, dann fragen Sie sich, wie Sie sich mit dieser Entscheidung fühlen würden.

Ahnungen

Eine sehr gute Übung ist es, zu erahnen, was als Nächstes geschieht und zu beobachten, was dann tatsächlich geschieht. Diese Ahnungs-Übung kann man in der Familie oder am Arbeitsplatz machen, ohne dass jemand dies bemerkt. Prüfen Sie nach einer gewissen Zeit immer wieder mal, wie häufig Sie sich irrten oder ob Sie richtig lagen.

Häufigkeit

Je mehr Sie üben und Ihre Annahmen im Vergleich zwischen Logik und Intuition überprüfen, umso mehr können Sie sich auf die Richtigkeit Ihrer Entscheidung verlassen. Es wird nicht von Anfang an funktionieren. Sie werden sowohl bei der logischen als auch bei der intuitiven Entscheidung immer wieder einmal daneben liegen, aber mit der Zeit wird die Quote immer besser werden.

Träume

Wann immer Sie können, erinnern Sie sich an Ihre Träume. Gerade nachts arbeitet das Unterbewusstsein sehr viel intensiver als unsere wache Intelligenz. Besonders wenn es um grundlegende Entscheidungen geht, etwa im Privatleben oder im Beruf, wird das Unterbewusstsein zu einem Ratgeber. Nehmen Sie die empfangenen Bilder auf und filtern Sie diese noch einmal durch Ihren Verstand. Denken Sie bewusst darüber nach, welche Bedeutung die Bilder haben könnten, die Sie vom Traum her erinnern.

Geistesblitze

Reagieren Sie auf plötzliche Eingebungen, auf Ihre Geistesblitze. Spüren Sie diesen Eingebungen nach, schreiben Sie die Kerngedanken dazu auf. Diese könnten in der Zukunft noch einmal sehr hilfreich sein. Denken Sie an den Satz von Max Frisch: „Am Ende ist es immer das Fällige, was uns zufällt."

Sortieren

Beginnen Sie damit, Wesentliches von Unwesentlichem zu unterscheiden, ohne dabei das Sammeln weiterer Wahrnehmungen zu vernachlässigen. Beschreiben Sie für sich selber, was Sie anzieht oder abstößt und an was Sie sich auch noch nach Tagen erinnern können.

Erwartungen

Erwarten Sie nicht zu viel auf einmal, geben Sie sich Zeit. Sie haben bisher doch auch schon gute oder sogar sehr gute Entscheidungen getroffen. Vermeiden Sie Entscheidungen unter Stress. Machen Sie ab und an eine Pause, gehen Sie in die Natur, sehen, hören und riechen Sie einmal wieder, was auf Sie wirkt.

Motivation

Meetings sind die beste Möglichkeit, Intuitionen zur Motivation anderer zu benutzen. Sie kennen vielleicht die Situation: In einer Besprechung wird mit Daten, Fakten, Logik und hohem Intellekt argumentiert und mit einem Mal haben Sie einen Einfall, eine Intuition und wollen diese auch ansprechen. Aber dann tun Sie es doch nicht, weil Sie glauben, dass das gerade nicht passt, sie verwerfen den Gedanken und bleiben bei der rationalen Diskussion. Und dann sagt mit einem Mal Ihr Gegenüber genau das, was Sie gedacht haben. Sorry, ärgern Sie sich nicht, freuen Sie sich darüber und nehmen Sie sich vor, beim nächsten Mal schneller zu sein und mehr Intuition zuzulassen.

Intuition führt zu

- einer schnelleren Lösungsfindung
- in der Kombination mit der ratio zu guten Entscheidungen
- zum weiteren beruflichen Aufstieg.

ESSENZ

Trauen Sie sich, Ihre Intuition zu nutzen. Je selbstverständlicher Sie Ihre Intuition einsetzen, desto klarer sind Ihre Ergebnisse.

Selbsttest – wie intuitiv sind Sie?

1. **Wenn Sie mit Unerwartetem konfrontiert werden – wie reagieren Sie?**
   Ich gerate aus dem Tritt .... a
   Ich behalte die Ruhe .... b

2. **Wenn Ihre Gefühle nicht mit den Tatsachen übereinstimmen – was dann?**
   Ich vertraue meinem Gefühl .... b
   Ich lasse mich von der Logik leiten .... a

3. **Wenn eine Situation Ihre ganze Aufmerksamkeit fordert – sind Sie dann motiviert und konzentriert bei der Sache?**
   Meistens .... b
   Selten .... a

4. **Wenn Sie vor einer komplizierten Aufgabe stehen – was machen Sie dann?**
   Ich versuche der Lösung sachlich näherzukommen .... a
   Ich probiere in Gedanken alles Mögliche aus .... b

5. **Wenn Sie in einem Preisausschreiben eine von zwei möglichen Reisen gewinnen – für welche entscheiden Sie sich?**
   Ich nehme die Abenteuerreise .... b
   Ich wähle die Museen-Tour .... a

6. Wenn es kompliziert wird – wie ist das für Sie?

Ich blühe dann erst richtig auf ....b

Das macht mich eher unruhig ....a

7. Wie stehen Sie allgemein zu Veränderungen?

Sie machen mich nervös, ich fahre gern in meinen
bekannten Gleisen ....a

Veränderungen finde ich prima, man lernt ja nie aus ......b

8. Welche Erklärung trifft eher auf Sie zu?

Normalerweise kann ich genau erklären,
warum und woher ich etwas weiß ....a

Oft weiß ich was, weiß aber nicht, woher ....b

9. Wie würden Sie sich selbst beschreiben?

Voller Ideen und immer in Bewegung ....b

Vernünftig und praktisch veranlagt ....a

10. Wie schätzen Sie unberechenbare Menschen ein?

Ich finde sie ärgerlich ....a

Ich betrachte sie mit Interesse ....b

**11. Wie reagieren Sie, wenn Sie ein mulmiges
Gefühl im Magen haben?**

Ich versuche, darauf zu hören ....b

Ich sage mir, dass das Unfug ist ....a

12. Wie schätzen Sie Ihre Freunde ein?

Die meisten glauben an ihr Bauchgefühl ....b

Die meisten sind sehr praktisch veranlagt ....a

Auswertung:

Für jedes b dürfen Sie sich einen Punkt anrechnen. Zählen Sie alle Punkte zusammen und lesen Sie, wie es um Ihre Intuition bestellt ist:

10 bis 12 Punkte: Sie packen Probleme und Entscheidungen spontan und „aus dem Bauch heraus" an. Sie vertrauen Ihren Gefühlen. Bleiben Sie dabei, denn mit Sicherheit sind Ihre intuitiven Kapazitäten gut entwickelt.

6 bis 9 Punkte: Sie sind ein bisschen sprunghaft und entscheiden mal so, mal so – mal aus dem Bauch heraus, mal verstandesgeprägt. Jedoch neigen Sie durchaus dazu, Ihrer Intuition zu trauen. Damit liegen Sie wahrscheinlich häufiger richtig als falsch! Allerdings könnten Sie Ihre Intuition noch ein wenig trainieren.

3 bis 5 Punkte: Sie verlassen sich eher auf Ihr analytisches Geschick als auf Ihre intuitive Ader. Ihren spontanen Eingebungen misstrauen Sie, wahrscheinlich sind diese manchmal auch etwas sprunghaft. Versuchen Sie, dies etwas zu verstetigen.

Weniger als 3 Punkte: Sie neigen dazu, total sachlich und analytisch vorzugehen. Wahrscheinlich sind Sie im Grunde Ihres Herzens doch eher etwas ängstlich. Ihren Gefühlen trauen Sie so gut wie gar nicht. Welche Erfahrungen haben Sie früher gemacht, die Ihre Empfangsantennen für Intuition, Ahnungen und Eingebungen irritiert haben könnten? Bei welchen gefühlsmäßig getroffenen Entscheidungen haben Sie schief gelegen?

ESSENZ

Intuition ist der innere Kompass, der das Ich auf Kurs hält. Auf seine Intuition kann sich verlassen, wer Erfahrung und Empathiefähigkeit in Einklang bringen kann.

T Timing

Auf das Timing kommt es an

Zur richtigen Zeit am richtigen Ort zu sein – wir alle kennen diesen Satz über das richtige „Timing". Doch was bedeutet das englische Wort Timing? Zunächst steckt einmal das Wort „time" darin, also „Zeit". Wie empfinden Sie eigentlich Zeit? Wer kennt nicht das Gefühl, dass die Arbeitswoche zu lang und das Wochenende zu kurz ist? Manchmal vergeht die Zeit wie im Fluge, ein anderes Mal will sie schier nicht vergehen. Warum das so ist? Es hängt mit unserem Gefühl zusammen, das wir in dem Augenblick spüren, wenn wir Zeit bewusst wahrnehmen.

Schaut man in einem Wörterbuch unter Timing nach, werden eine unglaubliche Anzahl von Substantiven aufgeführt. Die für mich wichtigsten Übersetzungen habe ich markiert:

die gute zeitliche Koordinierung
- die Steuerung
- der Takt
- die Terminierung
- die Wahl des richtigen Zeitpunkts
- die Zeitabstimmung
- die Zeitaufnahme
- die Zeitberechnung
- die Zeiteinteilung
- das Zeitintervall
- die zeitliche Planung
- die zeitliche Regulierung
- die Zeitmessung
- die Zeitspanne

- die Zeitsteuerung
- die Zeitvorgabe
- die Zeitwahl.

In der Musik bedeutet Timing die Fähigkeit des Musikers, dem grundlegenden Beat des Musikstücks zu folgen und die Zeitwerte exakt zu spielen. Im Aktienhandel bezeichnet man mit Timing die Wahl des richtigen, gewinnbringenden Zeitpunkts zum Wertpapierkauf oder -verkauf.

In fast jeder Sportart spricht man von einem guten Timing, wenn der Sportler im richtigen Augenblick am richtigen Platz ist, um einen Punkt für seine Mannschaft zu machen oder gar den Wettstreit zu entscheiden. Auch beim Pokern entscheidet das Timing, der richtige Moment zum Bieten oder Bluffen, über den Gewinn des Jackpots.

Das richtige Timing ist auch in Politik und Wirtschaft von enormer Bedeutung. Sehr häufig entscheiden der richtige Moment, das entsprechende Timing über Erfolg oder Misserfolg. Im Verkauf beispielsweise gleicht das gute Timing einem geübten Tänzer. Es kommt darauf an, den richtigen Takt zu halten, die passenden Schritte zu wählen – ansonsten kommen einem die Tanzpartner, also die Kunden, abhanden. Oder nehmen wir die Entscheidung eines Unternehmens für eine neue Software. Bei einem schlechten Timing wird die Software zu früh installiert, sie ist nicht ausgereift, sie überfordert die Mitarbeiter. Wird sie aber zu spät eingeführt, holt man den Vorsprung der Konkurrenz nicht auf.

Die Basis eines guten Timings

In Meetings und Verhandlungen sollten Sie mit einer soliden Basis gehen. Dazu gehört das fundierte Fachwissen über das jeweilige Thema. Nur so können Sie sich auf den Gesprächspartner einstellen, ihn beobachten und einschätzen, ohne über seine fachlichen Aussagen zu stolpern.

Sie benötigen außerdem rhetorisches Geschick, denn wenn Sie Ihre Aussagen nicht in gute und verständliche Worte packen, wenn Sie nicht professionell kommunizieren, nutzt auch das beste Timing nichts.

Ihre Ziele sollten klar definiert sein und zwar als minimales und maximales Ziel. Steigen Sie stets mit einer positiven, offenen Einstellung zum Thema, zu den handelnden Personen und zu sich selber in das Projekt ein. Negative Gefühle lassen meist kein positives Timing zu. Und haben Sie keine Angst vorm Scheitern – morgen ist ein neuer Tag.

 ESSENZ

Ein gutes Timing gelingt dann, wenn sich fachliche Exzellenz mit Intuition verbündet. Intuitiv spürt man, wann der richtige Moment für eine Entscheidung gekommen ist. Hilfreich ist eine überlegte Planung, die ein Minimal- und ein Maximalziel formuliert. Nur wer ein klares Ziel vor Augen hat, spürt auch den passenden Augenblick zum Handeln.

Timing oder Zeitgefühl-Test

Gönnen Sie sich den richtigen Zeitpunkt oder lassen Sie sich von sich selbst und anderen hetzen? Testen Sie Ihr persönliches Zeitgefühl.

Aufgabe:

1. Werfen Sie einen Blick auf Ihre Armbanduhr und merken Sie sich die Uhrzeit.

2. Versuchen Sie sich zu entspannen und schließen Sie Ihre Augen.

3. Wenn Sie glauben, dass drei Minuten vergangen sind, öffnen Sie Ihre Augen und schauen wieder auf Ihre Uhr.

4. Wieviel Zeit ist tatsächlich vergangen?

Auswertung:

Sind weniger als 2 Minuten und 30 Sekunden ergangen, geht Ihre innere Uhr zu schnell und Sie sind evtl. zu schnell in Ihren Entscheidungen.

Darüber hinaus werden Sie sich zu viele Aufgaben für den Tag vornehmen und setzen sich damit einem erhöhten Druck aus. Sie hetzen sich selber durch den Tag, was wiederum zu einer ständigen Belastung und Unruhe führen kann.

Sind mehr als 3 Minuten und 30 Sekunden vergangen, ist Ihre innere Uhr zu langsam. Haben Sie häufig das Gefühl, dass Ihnen die Zeit davonläuft und Sie mehr Zeit bräuchten?

Wie haben Sie diesen Selbsttest durchgeführt? Haben Sie innerlich mitgezählt oder haben Sie sich wirklich auf Ihr Bauchgefühl verlassen? Gutes Timing braucht ein gutes Bauchgefühl und viel Erfahrung. Wiederholen Sie diese Übung ruhig einige Male, aber lassen Sie sich nicht von Ihrer Erfahrung und Ihrem Zeitgefühl durch andere Personen oder Ereignisse ablenken, denn das sind Ihre Zeitfresser und/ oder Ihre Timingkiller.

Nicht zu früh, aber auch nicht zu spät

Das richtige Timing zu finden, ist bisweilen eine vertrackte Sache. Ein Frühstart kann all Ihre Pläne und Ziele zunichte machen. Wenn das Feld nicht bereit zur Aussaat ist, können Sie so viel Korn auf den Boden werfen, wie Sie wollen, Sie bekommen keinen Ertrag. Wenn ein Kunde zum von Ihnen gewünschten Zeitpunkt nicht kaufen will, dann will er eben nicht, da können Sie noch so viele Argumente vorbringen. Bereiten Sie lieber geduldig den Boden vor, beackern Sie das Feld, machen Sie dem Kunden nach und nach Ihr Angebot schmackhaft, sorgen Sie für die Kultivierung, düngen Sie zur rechten Zeit und säen Sie erst aus, wenn alles vorbereitet ist. Dann brauchen Sie nur noch wässern und die Ernte kommt fast von allein.

Warten Sie andererseits nicht zu lange! Vor allem, wenn es im Unternehmen um schlechte Mitteilungen oder Kritikgespräche geht, dann gilt: Je länger Sie warten, umso schwieriger wird es, die Situation zu bereinigen. Und über eine Gehaltserhöhung sollte man dann mit dem Chef sprechen, wenn es der Firma gerade gut geht, wenn man sich aktuell bewährt hat, und nicht, wenn die Firma gerade in einer Turbulenz steckt.

Wann ist denn nun die richtige Zeit? Es gibt keine einfache Formel, mit der man jede Aufgabe richtig timen könnte. Aber ich kann Ihnen noch einmal den Tipp geben: Nutzen Sie Ihre Intuition, Ihre Beobachtungsgabe und planen Sie umsichtig. Erfolgreiche Menschen haben immer das Gespür für den richtigen Zeitpunkt, sie haben Strategien entwickelt, die es ihnen ermöglichen, Chancen frühzeitig zu erkennen.

Wenn beispielsweise Ihre Karriere stockt, sollten Sie nicht in Panik verfallen. Bleiben Sie gelassen und entspannt, Ihre Zeit wird kommen, horchen Sie in sich hinein und mit einiger Übung werden Sie den passenden Augenblick erkennen.

 ESSENZ

Seien Sie stets gut vorbereitet, haben Sie ein klares Ziel vor Augen und die dafür notwendigen Strategien, es zu erreichen. Stehen Sie der Situation positiv gegenüber und nutzen Sie Ihre Intuition für den richtigen Moment.

C Charakter

Charakterstärke entwickeln

Was macht den Charakter, die Persönlichkeit eines Menschen aus? Unter Charakter versteht man ausgehend von der aristotelischen Ethik die persönlichen Kompetenzen, die die Voraussetzung für moralisches Verhalten bilden. In den 1990er Jahren definierte der Sozialtheoretiker Amitai Etzioni: „Wir verstehen unter ‚Charakter' die psychologischen Muskeln, die es einem Menschen erlauben, Impulse zu kontrollieren und Belohnung aufzuschieben, was für Erfolg, Leistung und moralisches Handeln grundlegend ist."

Charakter ist die Summe aller Eigenschaften eines Menschen, die teils genetisch sind oder in der Sozialisation anerzogen werden. Der Charakter eines Menschen ist nicht statisch, nicht vorgegeben. Man kann seinen Charakter, seine Persönlichkeit selber weiterbilden, sich „neu erfinden" oder updaten.

Menschen, die über Charakterstärke verfügen, heben sich ab. Charakterstark ist, wer in seinen Zielen klar und nachvollziehbar vorgeht, wer im privaten und im geschäftlichen Auftreten authentisch ist. Charakterstark sind Menschen mit denjenigen Eigenschaften, die das Eigenwohl mit dem Gemeinwohl in Verbindung bringen, die sich Werte so angeeignet haben, dass diese zu einem unverzichtbaren Bestandteil ihrer Persönlichkeit geworden sind. Menschen mit Charakterstärke sind gefeit vor modischen Trends und kurzlebigen Zeiterscheinungen, fürchten weder Kritik noch Mobbing und erweisen sich in Krisen als standfeste und verlässliche Führungsfiguren.

Was verstehen wir unter Charakterstärke?

- Mut
- Meinungsfestigkeit
- Wissen um eigene Stärken
- Akzeptanz von Schwächen
- Engagement und Verantwortungsgefühl
- Ehrlichkeit
- Selbstbewusstsein
- Konsequenz
- Durchsetzungsvermögen
- Empathie

Wer sich auf seine Werte besinnt, seine Intuition trainiert und Verständnis für das richtige Timing entwickelt, wächst als Mensch – er wird für sich und andere ein Gewinn sein, sich im Beruf bewähren. So überzeugen Sie andere, ob als Chef oder als aufstrebender Mitarbeiter. Und Sie finden mehr Erfüllung im Beruf. Der englische Philosoph Sir Francis Bacon formulierte: „Glücklich sind diejenigen Menschen, deren Berufe mit ihrem Charakter harmonieren."

 ESSENZ

> *Alles ist Charakter, ohne Charakter ist alles nichts! Zeigen Sie werteorientiertes Miteinander, leben Sie Ihren Stil, schärfen Sie Ihr Timing und trauen Sie Ihrer Intuition.*

Tibetischer Persönlichkeitstest

Drei Fragen zu Ihrer inneren Haltung

Ihre Persönlichkeit ist so einmalig wie Ihr genetischer Fingerabdruck und Ihre DNA. Wie Sie sind und wie Sie wirken, wird von viele Faktoren geprägt: Eltern, Familie, soziales Umfeld, Kindergarten, Schule, Ausbildung, Studium, Beruf usw. Diese sozialen Prägungen finden mehr oder weniger bewusst in jeder Lebensphase statt. Im Laufe unseres Lebens entwickeln wir eigene Denkmuster, die sehr stark von unserem Kulturkreis bestimmt sind.

Wie würde Ihre Persönlichkeit in einem anderen Kulturkreis wahrgenommen werden? Dieser kleine tibetische Persönlichkeitstest gibt Ihnen die Möglichkeit, sich selbst aus einer ganz anderen Perspektive wahrzunehmen.

Wie das funktioniert? Bringen Sie sich in einen ruhigen, stressfreien Zustand, um dann spontan drei Fragen zu beantworten. Suchen Sie sich einen Ort, an dem Sie sich wohlfühlen, am besten ein privater Rückzugsort.

Und nun geht es los:

1.) Lockern Sie Ihre Kleidung

2.) Atmen Sie ein paar Mal tief ein und aus

3.) Beantworten Sie ganz intuitiv die folgenden drei Fragen.

1. Frage

Stellen Sie für diese Tiere eine Rangfolge von 1 bis 5 auf, die Ihrem Empfinden entspricht.

Tier	Rangfolge
Kuh	
Pferd	
Schaf	
Schwein	
Tiger	

2. Frage

Ordnen Sie den folgenden Substantiven (Hauptwort) ein Adjektiv (Eigenschaftswort) zu.

Substantiv	Adjektiv
Hund	
Katze	
Kaffee	
Meer	
Ratte	

3. Frage

Schließen Sie für einen kurzen Moment die Augen zu und denken Sie an fünf Menschen, die Ihnen etwas bedeuten. Wenn Sie diese fünf Menschen gefunden haben, ordnen Sie jedem dieser fünf Personen eine der folgenden fünf Farben zu.

Farbe	Mensch
Gelb	
Grün	
Orange	
Rot	
Weiß	

Bevor Sie nun zur Auswertung gelangen, möchte ich Ihnen noch eine kleine Geschichte aus der buddhistischen Mythologie erzählen:

Ein Mann ging auf Reisen und gelangte unerwartet ins Paradies. Er setzte sich unter den Wunschbaum (im Buddhismus steht der Wunschbaum für das Paradies-Konzept) und legte sich schlafen. Als er wach wurde, verspürte er großen Hunger und dachte: „Ich bin hungrig, etwas zu Essen wäre jetzt ganz schön."

Sofort tauchte Essen aus dem Nichts auf und schwebte durch die Luft zu ihm hin. Der Mensch war so hungrig, dass er nicht lange nachdachte, woher das Essen kam, und verschlang es.

Als der Hunger gestillt war, sah er sich um, und ein anderer Gedanke kam ihm:
„Etwas zu trinken wäre jetzt nicht schlecht."

Das Paradies hat keine Verbote – sofort erschien ein voller Krug Wein.

Der Mensch legte sich bequem unter den Baum, trank genüsslich seinen Wein, von einer leichten kühlen Brise umgeben, und wunderte sich:

„Was geht hier vor? Träume ich? Oder gibt es hier Geister, die sich über mich lustig machen?"

Prompt erschienen die Geister. Sie waren furchterregend, grausam und abstoßend, wie in seinen Gedanken.

Der Mensch fing an zu zittern und dachte:
„Sie werden mich jetzt umbringen."

So geschah es.

Laut der buddhistischen Lehre gehen alle Gedanken irgendwann in **Erfüllung** – manchmal passiert es erst nach langer Zeit, wenn Sie die ursprünglichen Gedanken längst vergessen haben. Die **Macht der Gedanken** taucht aber auch in anderen Religionen auf – im jüdischen Talmud genauso wie in der Bibel. In der Psychologie hat sie ihren Platz in der Schule des positiven Denkens oder im sogenannten realistischen Optimismus. Konsens bei allen Denkschulen ist: Womit unser Geist voll ist, dahin gehen unsere Energie und unsere Kraft – im Positiven wie im Negativen.

Auflösung des tibetischen Persönlichkeitstests

1. Frage
Hiermit haben Sie Ihre persönliche Rangfolge festgesetzt,
was Ihnen in Ihrem Leben am wichtigsten ist.

• Die Kuh steht für Ihre Karriere.
• Das Pferd steht für die Familie.
• Das Schaf steht für die Liebe.
• Das Schwein steht für irdische Güter, vor allem für Geld.
• Der Tiger steht für das Selbstwertgefühl.

2. Frage
Die Antworten auf die 2. Frage geben Ihnen Aufschluss über den
unbewussten Teil Ihrer Persönlichkeit, wie Sie sich selbst und Ihr
Umfeld einschätzen.

• Der Hund steht für Ihre Persönlichkeit.
• Durch die Katze symbolisiert sich die Persönlichkeit Ihres Partners.
• Ihr Verhältnis zum Liebesleben beschreibt der Kaffee.
• Ihr eigenes Leben wird durch Ihre Assoziation für den
  Begriff Meer beschrieben.
• Für Ihre Feinde steht die Ratte.

3. Frage
Die Antworten auf die dritte Frage beschreiben Ihr Verhältnis zu
Ihren Mitmenschen.

• Der Mensch, der Sie maßgeblich beeinflusst bzw. geprägt hat, wird
  durch die Farbe Gelb symbolisiert.

- Ein Mensch, an den Sie sich immer wieder im Leben erinnern, wird durch die Farbe Grün dargestellt.
- Ein Freund beschreibt die Farbe Orange.
- Den Menschen, den sie wahrlich lieben, beschreibt die Farbe Rot.
- Eine Seelenverwandtschaft wird durch Weiß dargestellt.

Dieser Test ist eine kleine und sehr kurze Beschreibung Ihrer Persönlichkeit, die Ihnen jedoch einen Einblick in Ihre Seele, Ihr Unbewusstes gibt.

Tragen Sie nun für jede Frage ein, inwieweit die Aussagen der Auflösung auf Sie zutreffen.

Frage 1 gering   hoch

1   2   3   4   5   6   7   8   9   10

Frage 2 gering   hoch

1   2   3   4   5   6   7   8   9   10

Frage 3 gering   hoch

1   2   3   4   5   6   7   8   9   10

Gesamt gering   hoch

1   2   3   4   5   6   7   8   9   10

Exkurs zum Führen mit Charakter

Wir brauchen junge Manager, die modern führen, aber gute Traditionen nicht außer Acht lassen. Die Studenten an den Wirtschaftsakademien und Universitäten bekommen jedoch wenig Hinweise auf die für Führung notwendigen Werte, wirtschaftsethische Themen kommen in der Ausbildung zu kurz.

Rein fachlich ist die Ausbildung an den Hochschulen heute exzellent, aber sie konzentriert sich zu sehr auf Modelle und Techniken, weniger auf allgemeine Bildung. Prof. Dieter Borchmeyer, Präsident der Bayerischen Akademie der schönen Künste, kritisierte in der Süddeutschen Zeitung viele nachwachsende Führungskräfte in Wirtschaft und Politik als kulturlose „Emporkömmlinge". Er rieb sich an ihrem „technokratischen englischen Vokabular", an ihrem Mangel an Stil und Bildung. Seine Forderung: „die Herzen der Menschen müssen sich öffnen für ein gewisses Stilempfinden, nicht nur für die Kunst, sondern auch für den Umgang miteinander."

Helmut Maucher, lange Jahre Vorstandsvorsitzender bei Nestlé, stieß ins gleiche Horn. In der Frankfurter Allgemeinen Zeitung sagte er, dass zur Führung mehr gehöre als BWL: „Führung ist Betriebswirtschaftslehre plus Charakter plus Bildung." Eine Führungskraft brauche auch Erfahrung und umfassende Bildung, um Anregungen aus allen Richtungen aufnehmen zu können. Sein Fazit: „Charakter und Persönlichkeit sind für Führungskräfte die alles entscheidenden Eigenschaften."

Haltung

Haltung gibt inneren Halt

„Die Menschen haben keine Seele, wenn sie doch wenigstens Haltung hätten", seufzte einmal der französische Staatsmann Georges Clemenceau. Was ist eigentlich Haltung? Wir sprechen hier von der inneren Haltung eines Menschen, die nach und nach durch Erfahrung entsteht. So bildet sich eine Grundhaltung gegenüber anderen Menschen aus, gegenüber negativen wie positiven Ereignissen, gegenüber Herausforderungen.

Wer seine Haltung und die Entstehung dieser Haltung kennt, hat einen entscheidenden Vorteil gegenüber jedem, der sich darüber nicht im Klaren ist.

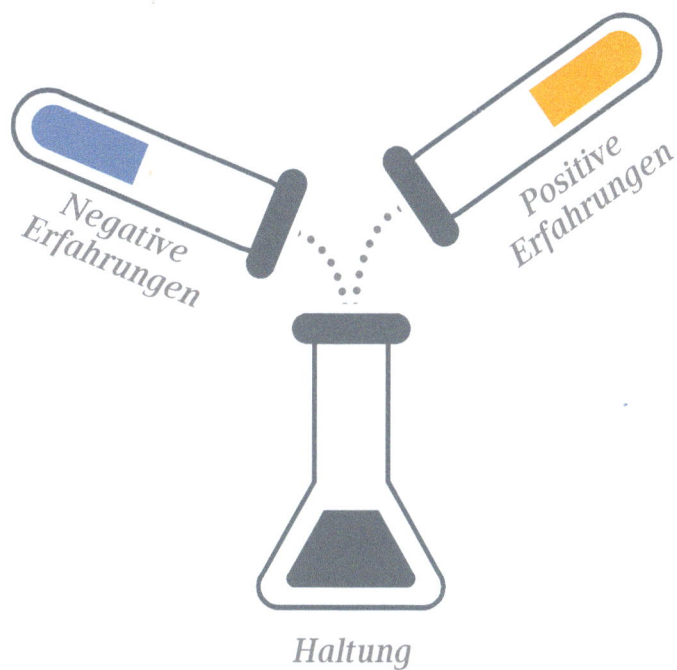

Haltung

Haltungstest

Mit diesem kleinen Test finden Sie heraus, welche Haltung Sie nach außen hin einnehmen, wie Sie in bestimmten Situationen agieren oder reagieren. Ihre Haltung hat viel mit Ihren persönlichen Kompetenzen und Ihren moralischen Wertvorstellungen zu tun.

Haltung wird geprägt durch Gefühle, Gedanken, Einstellungen, Gewohnheiten sowie durch die verschiedenen Erfahrungen, die wir im Laufe unseres Lebens gesammelt haben. Deshalb hat jeder Mensch eine ganz eigene, individuelle Haltung. Haltungen können sich ähneln, sind aber selten genau gleich.

1. Frage
Glauben Sie, dass es Personen gibt, die mit Ihnen nicht diskutieren möchten, weil Ihre Argumentation klar, logisch und unwiderlegbar ist?

A	Ja, glaube ich schon.
B	Nein, kann ich mir nicht vorstellen.

2. Frage
Wählen Sie die Höhe oder Tiefe Ihrer Stimmlage bewusst?

A	Ja
B	Darauf habe ich noch nie geachtet.

3. Frage

Sie stehen in einer Gruppe von drei Personen zusammen und
die beiden anderen beginnen über ein Thema zu sprechen, das
Sie nicht interessiert. Stellen Sie trotzdem Fragen und signalisieren
Sie Interesse?

A	Ja
B	Nein

4. Frage

Wenn Sie sich in einer Situation unwohl fühlen, glauben Sie,
dass dies die Anderen bemerken?

A	Ja
B	Nein

5. Frage

Zu Beginn einer Gruppenbesprechung werden alle Teilnehmer vom
Teamleiter mit ihren Namen vorgestellt. Es fällt Ihnen auf, dass Sie
einen Namen nicht behalten haben. Bitten Sie darum, dass Ihnen
der Name noch einmal genannt wird?

A	Ja
B	Nein

6. Frage

Die Grundlage bei einer Diskussion sind Ihre eigenen
Argumente. Setzen Sie diese mit Nachdruck ein, um die
Teilnehmer zu überzeugen?

A	Ja
B	Nein

7. Frage

Bei einer Diskussion geht das Hauptthema unter. Eine andere
Person beschuldigt Sie für etwas, das in der Vergangenheit
passiert ist. Lassen Sie sich auf diese andere Diskussion ein
oder bleiben Sie beim eigentlichen Thema?

A	Ja, ich lasse mich auf die andere Diskussion ein, um mich zu rechtfertigen.
B	Nein, ich bleibe beim eigentlichen Thema.

8. Frage

Andere Personen suchen Ihre Nähe und zeigen Interesse an Ihrer
Person, genießen Sie das?

A	Ja, das macht mich stolz.
B	Nein, das ist nicht meine Art.

9. Frage

Sie versuchen Ihrem Gegenüber, das Sie eigentlich gar nicht kennen, einen Sachverhalt zu erklären, über den Sie ein hohes Fachwissen haben. Sie ...

A	... erklären den Sachverhalt so, dass Ihnen die Person folgen kann, ohne dass Sie den roten Faden verlieren.
B	... erklären weiter so, wie Sie es für richtig halten und kümmern sich nicht darum, ob Ihr Gegenüber etwas verstanden hat oder nicht.

10. Frage

Sie hatten zu zweit ein Erlebnis und die andere Person berichtet über das gemeinsam Erlebte in einer Gruppe. In Ihren Augen ist aber einiges anders abgelaufen oder entspricht nicht der Wahrheit. Unterbrechen Sie diese Person und greifen korrigierend ein?

A	Ja
B	Nein

11. Frage

Gebrauchen und benutzen Sie Schimpfwörter?

A	Ja
B	Nein

12. Frage

Halten Sie sich bei Unterhaltungen, Reden oder Gesprächen
an die Realität oder geben Sie Ihren Gefühlen nach und lassen
sich von diesen beeinflussen?

A	Meine Gefühle leiten mich.
B	Nach Möglichkeit halte ich mich an die Fakten.

13. Frage

Wenn Sie Unrecht haben, sehen Sie dieses ein und geben
dieses auch zu?

A	Ja
B	Nein

14. Frage

Reden Sie gerne auf eine originelle Weise?

A	Ja
B	Nein

Auflösung

1. Frage		2. Frage		3. Frage		4. Frage		5. Frage	
A	1	A	1	A	0	A	0	A	1
B	0	B	0	B	1	B	1	B	0

6. Frage		7. Frage		8. Frage		9. Frage		10. Frage	
A	1	A	1	A	0	A	0	A	1
B	0	B	0	B	1	B	1	B	0

11. Frage		12. Frage		13. Frage		14. Frage	
A	0	A	0	A	0	A	0
B	1	B	1	B	1	B	1

Addieren Sie die Punkte

Auswertung

Mehr als 11 Punkte

Sie legen eine ausgesprochen diplomatische Haltung an den Tag. Sowohl in Ihren Beziehungen als auch in Ihren Gesprächen glänzen Sie
mit Ihrem Feingefühl, Ihrem guten Geschmack, Ihrer Höflichkeit und
weiteren positiven Eigenschaften. Sie verhalten sich fast niemals un-
freundlich und schroff, auch dann nicht, wenn Sie eigentlich Recht
haben. Um andere zu überzeugen benutzen Sie Ihre gut entwickelten
Fähigkeiten und gewinnen so jede Diskussion für sich.

Zwischen 6 und 11 Punkten

Für gewöhnlich versuchen Sie in Unterhaltungen und in der Beziehung
zu Ihren Mitmenschen den Mittelweg zwischen einer diplomatischen
und einer ehrlichen Haltung zu finden. Es fehlt Ihnen keineswegs an
Überzeugungskraft, jedoch versuchen Sie dieses Talent für besonders
wichtige Momente aufzusparen. So passiert es oftmals, dass Sie in
einem Gespräch nicht richtig zuhören oder sich bei der Antwort keine
Gedanken darüber machen, was Sie eigentlich sagen wollen. Geht es
jedoch um ein wichtiges Gespräch, sind Sie wieder voll dabei.

Weniger als 6 Punkte

Für Sie ist Ehrlichkeit das Wichtigste in Beziehungen und deswegen sagen Sie auch immer genau das, was Sie denken. Sie fürchten sich niemals vor Diskussionen und Konfrontationen, da Sie sich Ihrer selbst sicher sind. Wahrscheinlich halten Sie Fein- und Taktgefühl in Diskussionen für eine Charakterschwäche. Sie sind nicht nur eine ehrliche und furchtlose Person, sondern Sie erwarten diese Haltung auch von anderen Personen.

Inspiration

Schöpferisch, Eingebung, Intuitiv

Sinnhaftigkeit

Bewertung von Zielen
Sinngebung

Haltung

Werte

Bedeutung und Ansehen
Selbstwert und Fremdwert

Protokollarische Etikette

Regeln und Bräuche durch das „Protokoll des Lebens"

Jeder kann inspiriert sein

Jeder Mensch kann inspiriert sein. Jedem ist es gegeben, einer plötzlichen Eingebung zu folgen, intuitiv das Richtige zu tun oder schöpferisch tätig zu sein. Doch viele haben es verlernt, andere haben es gar nicht gelernt, der Inspiration zu folgen. Das lähmt sie, beispielsweise wenn sie vor einem komplexen Problem stehen – sie verharren davor wie der Hase vor der Schlange. Also: hören Sie mehr auf Ihren Bauch, lassen Sie die Intuition zu.

Den Sinn prüfen

Hat alles, was Sie tun, einen Sinn? Überlegen Sie bei allen Aktivitäten, ob sie sinnvoll sind? Folgen Sie jedem und allem? Überprüfen Sie in Ruhe, welcher Sinn hinter diesem oder jenem Projekt, hinter einer Rolle oder einer Funktion steht. Hinterfragen Sie kritisch selbst gesteckte oder fremd vorgegebene Ziele.

Werte leben

Die Menschen haben unterschiedliche Werte. Nehmen Sie Ihre Werte ernst, setzen Sie sich für Ihre Werte im Alltag und im Beruf ein. Das Vorleben von Werten, das Vorbildsein ist ein wesentlicher Bestandteil Ihrer Haltung.

Bleiben Sie von sich aus aktiv: Wer immer nimmt, wie es kommt, der wird gesteuert und steuert nicht selber.

Den eigenen Stil finden

Stil und Etikette gehören in unsere Zeit, auch wenn man bei dem Wort Protokoll eher an Königshäuser und Staatsempfänge denkt. Stil und Etikette regeln das Miteinander und geben allen Beteiligten ein sicheres Gefühl auf dem gesellschaftlichen Parkett. Ihr persönlicher Stil hebt Sie von der Masse ab und hinterlässt einen positiven Eindruck.

 ESSENZ

> *Ihr Charakter und Ihre Haltung sind das Ergebnis der ersten drei SWITCH-Themen, von Stil, Werten und Intuition. Wie Sie auf andere wirken, für was Sie eintreten, welches Führungs- oder Mitarbeiterverhalten Sie zeigen, das haben Sie jeden Tag selbst in den Händen. Sie haben alle Möglichkeiten zur Veränderung in sich. Nutzen Sie die Chancen, die Ihnen ein Persönlichkeitsupdate bietet, wann immer Sie an sich arbeiten möchten.*

Alle ESSENZEN im Überblick

ESSENZ *Jeder legt Wert auf einen persönlichen Stil und möchte sich von der Masse abheben. Das erfordert Mut und Geduld. Finden und leben Sie Ihren Stil nach außen, in der Art, zu sprechen, sich zu bewegen, zu lachen. Zeigen Sie Profil und Charakter im Umgang mit Menschen, zeigen Sie Ihre Wertschätzung für andere, legen Sie Wert auf Etikette. Dann fallen Sie nicht nur ins Auge, sondern bleiben im Gedächtnis.*

ESSENZ *Ihr Stil ist Ihr Kapital. Mit Wissen um Stil und Etikette, der richtigen Körpersprache und gekonnter Kommunikation verleihen Sie sich Ausdruck und hinterlassen einen Eindruck, der langfristig zum Erfolg führt.*

ESSENZ *„Schwer ist's, einen guten Ruf zu gewinnen, noch schwerer ihn zu verdienen, und am schwersten, ihn zu bewahren", notierte der deutsche Schriftsteller Friedrich von Bodenstedt bereits im 19. Jahrhundert. Um wieviel mehr gilt das in einem Zeitalter, in dem sich Nachrichten wie Viren verbreiten und Facts und Fakes in der Wahrnehmung kaum noch zu unterscheiden sind. Achten Sie deshalb immer auf Ihr eigenes Verhalten. Denn Ihren guten Ruf können nur Sie selbst zerstören.*

ESSENZ „Dein Charakter ist, was Du bist. Dein Ruf ist, was man von Dir hält", hat der deutsch-kanadische Aphoristiker und Kaufmann Willy Meurer einmal gesagt. Charakterstark ist, wer in seinen Zielen klar und nachvollziehbar ist, wer sowohl im privaten als auch im geschäftlichen Auftreten authentisch ist. Aus diesen Charaktereigenschaften bildet sich der Ruf, der Leumund. Er ist das Kapital, auf das Sie bei Ihren Mitmenschen höhere Zinsen bekommen als bei jeder Bank.

ESSENZ Jeder Mensch verfügt über eigene Wertvorstellungen, basierend auf einem allgemeinen Wertekanon. Werte sind jedoch kein starres Konstrukt, sondern sie entwickeln sich mit mir und durch mich weiter.

ESSENZ Achten Sie immer darauf, dass Sie sich konform zu Ihren Werten verhalten und Sie nicht in einen Widerspruch zu den eigenen Werten geraten.

ESSENZ Werte unterliegen dem gesellschaftlichen Wandel, sind aber fester Bestandteil jeder Kultur. Sie sind der Schmierstoff des menschlichen Miteinanders und bestimmen das soziale Klima. Ohne Werte zu leben, wäre einfach wertlos.

ESSENZ Werte in Unternehmen sind Kraftquellen für das berufliche Miteinander. Sie motivieren die Mitarbeiter und schaffen Zugehörigkeit. Werteorientierte Führung setzt auf stabile Vertrauensverhältnisse und einen gemeinsamen Wertekanon.

ESSENZ *Geben Sie sich selbst Raum und Zeit, eigene Wertvorstellungen zu reflektieren. Achten Sie dabei auf Diskrepanzen im Anspruch und in der täglichen Umsetzung. Was können Sie dabei optimieren? Die Führungskraft sollte sich ihrer Werte bewusst sein. Das schafft Vertrauen bei den Mitarbeitern, denn man traut Ihnen etwas zu.*

ESSENZ *Intuition und ratio im Verbund sind eine gute Grundlage für Entscheidungen in privaten und beruflichen Kontexten.*

ESSENZ *Versuchen Sie nicht alles, was Sie empfinden, durch Logik zu erklären. Geben Sie Ihrer Intuition eine Chance. Hören Sie für ein paar Momente einfach auf zu denken. Und trainieren Sie den Einsatz der Intuition.*

ESSENZ *Trauen Sie sich, Ihre Intuition zu nutzen. Je selbstverständlicher Sie Ihre Intuition einsetzen, desto klarer sind Ihre Ergebnisse.*

ESSENZ *Intuition ist der innere Kompass, der das Ich auf Kurs hält. Auf seine Intuition kann sich verlassen, wer Erfahrung und Empathiefähigkeit in Einklang bringen kann.*

ESSENZ *Ein gutes Timing gelingt dann, wenn sich fachliche Exzellenz mit Intuition verbündet. Intuitiv spürt man, wann der richtige Moment für eine Entscheidung gekommen ist. Hilfreich ist eine überlegte Planung, die ein Minimal- und ein Maximalziel formuliert. Nur wer ein klares Ziel vor Augen hat, spürt auch den passenden Augenblick zum Handeln.*

ESSENZ *Seien Sie stets gut vorbereitet, haben Sie ein klares Ziel
vor Augen und die dafür notwendigen Strategien, es zu
erreichen. Stehen Sie der Situation positiv gegenüber und
nutzen Sie Ihre Intuition für den richtigen Moment.*

ESSENZ *Alles ist Charakter, ohne Charakter ist alles nichts! Zeigen
Sie werteorientiertes Miteinander, leben Sie Ihren Stil,
schärfen Sie Ihr Timing und trauen Sie Ihrer Intuition.*

ESSENZ *Ihr Charakter und ihre Haltung sind das Ergebnis der
ersten drei SWITCH-Themen, von Stil, Werten und Intuition. Wie Sie auf andere wirken, für was Sie eintreten,
welches Führungs- oder Mitarbeiterverhalten Sie zeigen,
das haben Sie jeden Tag selbst in den Händen. Sie haben
alle Möglichkeiten zur Veränderung in sich. Nutzen Sie
die Chancen, die Ihnen ein Persönlichkeitsupdate bietet,
wann immer Sie an sich arbeiten möchten.*

Internet-Literatur-Verzeichnis

- www.business-wissen.de
- www.digital-sales.de/verbale-nonverbale-kommunikation/
- www.br.de/telekolleg/faecher/psychologie/
  sprache-kommunikation102.html
- www.brigitte.de/mode/styling-tipps/
- de.m.wikipedia.org/wiki/Styling
- www.men-styling.de
- www.maenner-style.de
- www.instyle.de/fashion/styling-tipps-kleine-frauen
- www.stil.de
- www.welt.de/wirtschaft/karriere/leadership/article108303697/
  Nirgends-ist-Etikette-wichtiger-als-im-Job.html
- www.zeit.de/campus/2009/02/service-umgangsformen
- knigge-rat.de
- www.wertekommission.de
- www.wertesysteme.de
- www.experto.de/unternehmen/management/
  werte-und-die-bedeutung-fuer-ihre-fuehrungskultur.html
- karrierebibel.de
- de.wikipedia.org/wiki/Intuition
- mentale-intuition.de/die-intuition/intuition/
- www.viversum.de/online-magazin/intuition
- www.vital.de
- www.welt.de/print-wams/article87041/
  Wie-das-Zeitgefuehl-entsteht.html
- www.welt.de/lifestyle/article1013509/
  Die-Kunst-des-stilvollen-Timings.html
- www.zeitblueten.com

- www.kongress-heiligenfeld.de/chronos-und-kairos-goetter-der-zeit/
- denkbrocken.com/2017/08/03/
  chronos-und-kairos-die-dichotomie-der-zeit/
- www.test.de
- klauspertl.com/charakter-staerken/
- mensch-und-charakter.de/hello-world
- www.apotheken-umschau.de
- charaktertest.net/persoenlichkeitstest
- esdifferent.com
- www.attitude.org.nz
- empathie-test.de
- www.testedich.de
- www.managementkompetenzen.de
- hsp-academy.de
- www.typentest.de
- pelz.fuehrungskompetenzen.net
- de.testsworld.net
- www.experto.de
- www.focus.de
- blog.karista.de
- de.wikipedia.org/wiki/Stil

Über den Autor:

Wulf-Hinnerk Vauk

Vauk (Jahrgang 1948) ist Betriebswirt, Autor, Berater, Coach, Trainer und Speaker. Er startete seine Karriere in der Hotellerie, arbeitete als Butler ebenso wie als Dozent an einer Hotelfachschule, als Robinson Club-Manager und als Inhaber eines Gourmet-Restaurants. Zuletzt war er Verwaltungschef des Energiekonzerns E.ON.

Den umfangreichen Erfahrungsschatz aus seinen Berufsjahren vermittelt er heute in Seminaren, Vorträgen und Coachings für Führungskräfte und angehende Führungskräfte. Von 1996 bis 2011 gehört Vauk dem Arbeitskreis Unternehmensprotokoll (AKUP) an und hat in den letzten Jahren den Begriff der „Business Diplomatie" Führung von zart bis hart, von heiß bis Eis mit Herz und Verstand geprägt.

Er konzipierte das Modell „SWITCH Umschalten auf Charakter" zur Steigerung der sozialen Kompetenz von Führungskräften und lehrt am Rheinischen FührungsColleg.

Wulf-Hinnerk Vauk ist Mitglied der deutschen Wertekommission, Initiative Werte Bewusste Führung e. V.

Claudia Lutschewitz, Wulf-Hinnerk Vauk:

Werte leben – jetzt!

tredition, Hamburg 2018
ISBN 978-3-7469-8435-3

Wulf-Hinnerk Vauk und Alexander Hoffmann:

Kekse für Putins Hund

Wahre und lehrreiche Geschichten aus der
Welt der Business Diplomatie
Shaker Media, Aachen 2013
ISBN 978-3-86858-090-4

Wulf-Hinnerk Vauk:

Wer klaut denn unseren Weihnachtsbaum?

Eine zauberhafte Weihnachtsgeschichte
tredition, Hamburg 2012
ISBN: 978-3-8491-2495-3

Zeitfracht Medien GmbH
Ferdinand-Jühlke-Straße 7
99095 Erfurt, Deutschland
produktsicherheit@kolibri360.de